그림자의 섬

김구슬 시집

서정시학 시인선 231

서정시학

공간에 스민 영혼이
슬그머니 기억의 문을
열고 나온다.
인생은
……
신비로운 시간의 리듬이다.
—「기억의 문」에서

서정시학 시인선 231

그림자의 섬

김구슬 시집

서정시학

시인의 말

우리는 기다림 속에 있다. 마음 깊은 곳에 잠재해 있는 '씨앗'이 싹트기를 기다린다. 그 '씨앗'이 잉걸불처럼 우리 의식 밑바닥에 남아 있기에 우리는 삶을 견디어 나갈 수 있는 것이다.

2025년 5월
김 구 슬

차 례

시인의 말 | 5

1부

장복산 벚꽃 | 13
기억의 문 | 14
물방울 | 16
새벽을 향한 유랑 | 18
한 세월 | 20
뒷모습 | 21
두 개의 가지 | 22
하늘에 매달린 나무 | 24
남은 나날들 | 26
지난 겨울, | 28

2부

새로운 삶 | 31
에밀리의 정원 | 32
삼각형 인생 | 34
삶은 다른 곳에 | 36
천사들의 목소리 | 38
시와 비단 | 40
월든 호수 | 42
시간의 눈물 | 44
곰 여자 | 46
잘라우 가는 길 | 47
역설의 도시 | 50
바벨문학상 | 52

3부

극소의 한 방울 | 57
'준'과 애벌레 | 58
Ars Poetica | 60
가시관 | 62
나무 한 그루 | 64
연꽃 한 송이 | 66
왼손의 선택 | 68
미륵과 우륵에 관하여 | 70
웅동수원지 | 72
비어 있는 항아리 | 74
황새 집 | 76
그림자의 섬 | 78

4부

한 점, | 83
키스는 천천히! | 84
묘박지 | 86
시인은 어린아이 | 88
어둠 속 고인돌 | 90
보길도 | 92
강렬한 것은 무엇이든 | 94
자연으로의 회귀 | 96
홀씨 하나 | 98
발문 | 기다림 가운데 시를 쓴다는 것 | 김구슬 | 100
바벨문학상 심사평 | 105

1부

장복산 벚꽃
— 경화역에서

부동의 모형 KTX가 철로 옆에 서 있다.
시간이 정지되어 있다.

철길에 서서,
처음 눈떠 세상을 내다보듯
저 멀리 장복산 자락을 바라본다.

철로 양옆 벚꽃 무리들이
장복산 벚꽃 군락과 이어진다.

눈을 감으니
한 점이
무한이다.

기억의 문

누군가의 공간엔
영혼이 스며있다.

'할아버지!'
아파트 라운지 문을 열자 아기가 외친다.

할아버지는 이미 한국으로 돌아가 버렸건만
며칠 전
할아버지와 같이 왔던 곳을
2살 손자가 기억하고 있는 것이다.

잠시 손자를 보러와
보스턴 창가에 앉아
찰스강을 바라보던
할아버지의 모습이
언제까지 기억의 문을 두드릴까?

공간에 스민 영혼이
슬그머니 기억의 문을

열고 나온다.
인생은
끝없이 기억의 문턱을 서성이며
현재와 과거를 이어주는
신비로운 시간의 리듬이다.

불현듯
아장아장 걸어들어오는
'준'의 발걸음 소리가 들리는 듯하다.
'할머니!'

물방울

도처에 물기가 스며있는데
우리는 왜 매 순간 목마름으로 지쳐가는가?
인색한 샘물이여!

인생은
부유하는 습기 사이를 떠돌다
오로지 작은 물방울 하나
맺기 위한 기나긴 유랑이다.

떠도는 물기가 별안간 멈출 때
비로소 방울져 내리듯
지상에서 삶의 짐 벗어버릴 때
하나의 물방울로 남겠지.

우리는 말없이 기다린다.

……

어느 날 아침 비로소 보았다.

햇살에 반짝이는
풀잎 사이에서
작은 이슬 하나
파르르 떨며
지상의 무게 떨치고
텅 빈 물방울로
방울져 내리는 것을.

새벽을 향한 유랑

어둠이 내리는 저녁
보스턴 공립도서관 앞 산책길에
개들이 주인과 하나 되어
새벽을 향해 긴 유랑을 떠난다.

20년의 세월이 흐른 후 귀환한
오디세우스를 제일 먼저 알아본 것은
그의 충견 '아르고스'
"유럽 역사상 갑작스레 생각한 최초의 존재는 '개'다." *
인간을 생각한 것이 '개'라니
생각한다는 것은
머리가 아니라
온몸으로 알아보고
온몸으로 죽는 것이다.
아르고스는 주인을 알아보고는
길게 뻗어버린다. **

---

* 파스칼 끼냐르(Pascal Quignard)의 『죽도록 생각하다』(Mourir de Penser) 중에서.
** 같은 책 중에서.

알아본다는 것은
죽음처럼 강렬한
사랑이며 깨달음인 것을,

누구도 알아볼 길 없어
오늘도 하릴없이
밤길을 걷는 유랑자들이여!

한 세월

자연 앞에서
자연을 해석하려 했다

옭아매는 칡나무에
온몸이 뒤엉키고
스스로를 비우는 대나무에
싸늘하게 식어가면서,

각각의 사물은
그 자체가
하나의 본성임을

깨닫는데
아직,
한 세월이
남아 있다.

뒷모습

예술의 전당 산책길
어둠 속에
어렴풋하게 드러나는 하나의 형상,
다가갈수록 드러나는
검은 뒷모습
점점 가까이 다가가니
두 형상의 만남이다.

만남이란
각자 개체성을 버리고
하나가 되는 순간인 것을,

여전히
각자
개성을 뽐내며
정면을 응시한다.

하늘이 창백하다.

두 개의 가지

여기
가느다란 가지 두 개 있어,

삶의 자세로는 경건을 넘어서고
예술로는 자유를 넘어선
두 개의 가지가
지루한 평행선을 이어가다
어느 날 돌연히 만나니

하늘을 향한
하나의 가지.

시작과 끝을 잇는
가지가 두 손을 맞잡을 때

어둠에 잠겨 있던
침묵의 시간이 흐르고

메마른 허공이

눈부시게
빛을 짠다.

하늘에 매달린 나무

그림처럼 하늘에 매달린
나무 몇 그루 본 적이 있다.

죽기 전 나무 한 그루 꼭 심고 싶어
마음이 향했다던 친구의 시골집 해미

영양이 부실해 크지 못한 초등학생처럼
자라다 만 작은 나무에
조막만 한 못난이 복숭아 빼곡하다.

물을 충분히 주지 않아
잎은 시들었으나
열매가 가득하다니
죽어가는 순간
찾아오는 생존의 절박함인 게다.

열매를 다 따주었더니
시들어가던 잎에 푸르름 분주하단다.

죽음을 딛고 겨우 걸음마 하는
푸른 잎들,
버려야 산다는
자연의 이치를 어찌 알았던가?

저 멀리
비명의 옹이 박힌 회화나무,*

지상의 죽음마저 뛰어넘어
끝없이
하늘을 향해
의연하다.

---

* 한국 천주교 3대 성지중 하나로, 1,000여 명의 천주교 신자들이 처형당한 곳이며 회화나무에서 사형이 집행되었다고 한다.

남은 나날들

그녀가 덕수궁 돌담길을 걸어가는데
길가에 앉아 있던 한 여인이 손짓을 하며
혼잣말하듯 말한다.

"당신은 평생 희생 봉사하면서 살겠네"

10여 년 전 길 가던 그녀를 불러 세우고
낯선 여인이 느닷없이 던진 한마디가
평생 신탁처럼 자기를 따라다니는 것 같다며
신기한 듯 기억을 더듬는다.

잠자고 있던 영혼이
불쑥 고개를 내밀고
혼잣말을 한 것이리라.

남은 나날들은
여전히
의식 밑바닥 어둠 속에서
희미한 부름을 기다리고 있다.

유난히 오지 않는 봄 사이로
때 늦은 새싹과
작년에 울던 새 소리 들려온다.

지난 겨울,

혹한의 허공을 날아다니다
비바람에 부딪치며
쉴 곳 찾아 헤매는
눈 먼 바이러스,

열로도 데울 수 없는
한기를 벗어나려
더 뜨겁게 달아올라
얼음의 불로
스스로를 불태운다.

시골집 처마마다
매달린 고드름
눈꽃 대롱 사이로
푸르스름한 녹물 흐르듯
온갖 사연
재가 되어 흘러내린다.

2부

새로운 삶
― 메리 올리버 풍으로

'공공이,'
딸이 미국 유학 중 보호소에서 데려와 키우던 그 아이가
내게로 왔다.
그 아이는 매일 책을 읽는다.
나와 달리
매일 다른 책을 뜯어 먹기도 한다.

"나 그대를 여름날에 비하리까?"
『이 사람을 보라』
『변신』

수많은 변신을 거친 후
고양이는
마침내
『새로운 삶』(La vita nuova)을 살기로 했나 보다.

에밀리의 정원*
— 1월의 여름

해가 지자
에밀리의 정원엔
가느다란 눈발이
온갖 구근을 키워낸다.

레노베이션 안내 팻말과
펜스에는 눈송이가 서 있고
하얀 드레스가
히아신스의 꿈틀거림에 화답한다.

흙에 이끌려
흙 속에 신발 한 짝 잃어버린 소녀,
그 황홀한 유년에 시작된
꽃의 노래가
정원에 가득하다.

---

* 매사추세츠주, 애머스트(Amherst)에 있는 에밀리 디킨슨(Emily Dickinson) 박물관. 2022년 1월 레노베이션 중임을 알았으나 겨울 정원을 보고 싶어 이곳을 방문했다. 가드닝에 특별한 관심이 있었던 에밀리는 실제로 꽃과 나무를 공들여 키우고 채집도 하여, 이를 압화로 만들어 즐겨 편지에 동봉하곤 했다.

에밀리 정원의
1월은 매혹의 여름,
시의 원년이
꽃과 나무의 뿌리에서 시작된다.

꽃을 따는 것은
최상의 생명에 영원을 부여하는
신성한 의식이다.

꽃을 따서 말리고 압화로 만드는 과정이
시의 그물이 된다.

에밀리의 시는
시간의 씨줄과 날줄을 엮은
무시간적 생명의 노래이다.

삼각형 인생

모든 점은 꼭짓점을 향한다.
평형을 뒤로 한 채

인생은 삼각형이다
한 지점을 응시한다
한 점을 그리워한다.

욕망과 그리움이 강해질수록
한 변은 길어지고
다른 한 변은 짧아진다.

찌그러진 삼각형일수록
꼭짓점을 향한
투쟁과 갈등은
더 날카로워진다.

긴장의 역사가 삼각형을 만든다.

정삼각형이 될 수 없는

고요와 갈증의 불균형,
숙명의 삶이다.

삶은 다른 곳에

예술가에게
삶은 다른 곳에 있다.

부다페스트, 예술고등학교 작업실엔
세속의 삶과는 다른 장면들이
펼쳐지고 있었다.
또 다른 세계를 만드는데 8시간 정도가 걸린다고
캔버스에 매달린 어린 학생 화가가 땀을 닦는다.

그들만의 세계를 꿈꾸다
유리디케를 만나러 간 오르페우스,
끝내 뒤돌아보아 사랑을 잃고 비탄에 잠겨 있건만
유리디케는 무심하게 다시 자신의 세계를 향할 뿐이다.
사랑이 똑같은 세계를 지향할 수 없는 것이건만
착각 가운데 살아가는
삶의 명랑성이
때로는 우리를 가볍게 한다.

우리에게
삶은 다른 곳에 있다.
학생 화가처럼
우리는 매 순간 또 다른 삶을 꿈꾼다.

천사들의 목소리

트랜실베니아,
시골 마을 잘라우 어느 교회에서
난 천사들의 노래를 들었네

블레이크는 창가에 기댄 하느님을 보았고
나무에 앉아 있는 천사들을 보았다지만.

잘라우 시골 마을 성소에선
소녀들이 시를 읊고 노래하며
우리를 환영했네.

새빨개진 얼굴로 시를 읊는 소녀들의 순수한 영혼에
그 자리에 둘러서서 시와 노래를 듣던 시인들의
마음이 출렁이며 붉어지고 있었네.

모두 그 자리를 뜨지 못하고
서성이고 있었네.
우리는 하나의 영혼이 되어가고 있었네.

부끄러워하는 소녀들의 미소 속에
우리들의 복잡한 웃음이
한 점으로 정지되어 있네.

세상이 환하게 밝아오고 있었네.

시와 비단*

실크 박물관에서
학예사가
재활용품으로 만든
실크 스카프 하나를 가리키며
아주 '시적'이라고 말한다.

시의 본질을 꿰뚫어 본
'시적' 발상이다.

오래전 실크로드를 따라
코모에 정박한
실크,
씨줄과 날줄의 직조를 응시하며
동서양의 시인들이
시의 비단을 짠다.

흩어지고 버려진 것에
생명을 불어넣는

---

* 이탈리아 코모에 있는 실크 박물관. 세계 각국에서 온 시인들이 이곳에서 시를 낭송했다.

시의 재생력,

이 땅에 던져진 것들은
모두 그 안에
시를 품고 있다.

월든 호수

폭설이 내린
월든의 얼어붙은 호숫가
새벽의 한기가 빚은
눈사람,

웃통을 벗은 남자가
서서히 물속으로 걸어 들어가
순식간에 잠수하자
모여있던 군중이 일제히
환호한다.

지식의 허물을 벗고
영도零度의
강물에 몸을 담그고 싶어 했던
소로의 꿈,

긴긴 겨울
얼어붙은 수면 아래로
침묵의 물이 흘러 흘러

월든 호수와 서드브리 강은
하나가 된다.

고요가 깊어지고,

홀연
햇살이 호수 위에 쏟아지고
꽃봉오리 하나
수면 위에 흔들리자

흘러넘치는 성수는
하늘을 향해
부동의 춤을 펼친다.

시간의 눈물

소란이 침묵 속으로 빨려 들어간다.

어수선하던 옆 테이블,
순간 모든 것이 유예된 듯 고요하다.
얼핏 둘러보니
모두 대화를 멈추고 눈을 지그시 감고 있다.

우리 테이블에선
호수보다 청아한 소프라노의
'코모호수'가 수정처럼 흐르고 있었다.
테이블과 테이블 사이
호수가 일렁이며 숨결을 이어놓는가 했다.

식당을 나서는데
주인이 중얼거린다.

옆 테이블 사람들이 수년 전 코모에서 근무한 적이 있었다고--
모두 어머니 품 같은 깊은 계곡을 품고 있었던 것이다.

시간이 침묵으로 살아
눈물처럼 흐르고 있었다.

곰 여자

부다페스트 출판기념회에서
한 독자가 묻는다
한국 여성의 힘이 어디에서 나오는 것이냐고,

얼핏 건국 신화가 떠올라
굴속에서
마늘과 쑥만 먹고 견뎠다는 웅녀,
곰 신화를 들려준다.

헝가리에도 명이나물 비슷한
곰 마늘이 있다고 신기해한다.

반신 반웅의 후예로서
단지 인내뿐 아니라
신적 창조력이 거기서 나온 것이라고 슬쩍 덧붙이니
그제야 한국 문학의 뿌리를 알겠다는 듯
고개를 끄덕인다.

인간적 차원을 넘어서려는
욕망의 눈빛이 스친다.

잘라우 가는 길

한밤중
앞을 볼 수 없을 정도로 세찬 비가 내리고
드라큘라 성 가까운
잘라우를 향해 가는 내내
창밖엔 시시각각
중세의 음산한 고성들이 스쳐 간다.

목적지에 가까워질수록
가로등 하나 없는 산길엔
비바람에 흔들리는 나무들의 미친 춤,
그림자에 어린 무시무시한 형상들,
우린 틀림없이 유령이 출몰하는 성으로 향하고 있었다.

길 한가운데 앉아 있던 들개들이
메두사처럼 머리털을 곤두세운 채
유령으로부터 도망치듯
급선회하여 전속력으로 달리는 우리 차를 뒤쫓으며
맹렬하게 짖어댄다.

새벽 2시경,
칠흑 같은 어둠과 비바람 속에 드러난
호텔은
여전히 으스스한 중세의 고성이다.

실내로 들어서니
다행히 안온하다.

긴장한 탓에 순식간에 피로가 밀려와
잠깐 눈을 붙였나 했는데
잠도 꿈도 아닌 몽롱함 가운데
커다란 새 소리가 잠을 깨운다.

창을 여니
믿을 수 없을 정도로
평화롭고 전원적인 풍경이 눈앞에 펼쳐져 있다.

상상력과 실제의 커다란 틈 사이에서

놀랍도록 낯선 제3의 세계가 열리고 있는 것이다.

어둠을 뚫고 솟아 나온 듯
새소리 가득한 작은 시골 마을에서
난 가슴 벅찬 세계를 쓰고 있었다.

역설의 도시

시인들이 차례로 두오모 광장
성당을 배경으로
시를 낭송한다.
어느 틈에 광장은 사람들로 빼곡하다.
알 수 없는 이방의 언어를 숨죽이고 듣고 있는 모습을 보니
역시 시는 "이해되기 전에 전달"*
되는가 보다.

부슬부슬 안개비 내리는
광장엔
시의 영기靈氣가 피어오른다.

시와 과학의 도시, 코모,
시인이 되고 싶어 했던 알렉산드로 볼타,
번개처럼 흐르는 전기에서 신화적인 생명의 숨결을 느낀
시적 상상력과 과학적 상상력의 만남.

---

* T. S. 엘리엇: "좋은 시는 이해되기 전에 전달될 수 있다."(「단테」, 1929)

감전된 듯
안개비에 젖은 채
시에 귀 기울이는 과학의 도시엔
부조화의 조화가 빚어낸
신비로운
생명의 불꽃이 빛나고 있었다.

바벨문학상

어린 시절,
어둠 내린 겨울 저녁
대문을 밀고 들어서면
신비의 달빛 스민 순백의 마당 가운데
차갑게 가라앉은 고요가
숨죽이며 나를 맞이하곤 했다.

창백한 나무가 희미하게 그림자를 드리운
비밀의 마루를 따라가면서
습관처럼 얼핏 들여다본 서재엔
언제나처럼 작은 책상 앞
꼿꼿한 형상의 아버지의 뒷모습이 나를 숙연케 했다.

나는 숨 막힐 듯한 공기를 재빨리 벗어나
미끄러지듯 복도를 지나가곤 했다.

무거운 침묵이 만들어낸
시와 한시 번역과 팔만대장경 번역,

그후 오랜 시간이 흘렀다.
그동안 난 말할 수 없는 깊은 어둠 속에 있었다.

어둠은 차갑기도 하고 한없이 따스하기도 했다.
그 교차하는 온도에 뒤척이면서
긴 시간의 터널 끝에서
이젠 좀 더 큰 책상 앞에
낯선 형상이 등을 구부리고 앉아 있다.

또 다른 시와 또 다른 번역, 학술서들이
무너지는 바벨탑의
소란한 시간과 공간을 넘어
서로 다른 언어를 하나로 연결해
오늘 이 자리에 무연히 섰다.

바벨의 언어는
여전히
번잡한 도시의 창에 잿빛 달빛을 던지며

나이테처럼 누렇게 바랜 종이 사이에서
또 다른 생명의 언어를
중얼거리고 있는 것이다.

3부

극소의 한 방울

넘칠 듯 넘치지 않는
도를 지키는 물방울

큰 바다의 불순물이
정제된
작은 한 방울

작을수록 좋은 것이라는
평범한 진리에
찰랑이며
평형을 지키는
극소의
한 방울.

'준'과 애벌레*

'너무 배고픈 애벌레' 앞에서
그림과 일체가 된 듯
시선이 멈추고
아가의 상상력이
나뭇잎 속으로 빨려 들어간다.

애벌레에게 제일 맛난 건
늘 먹던 나뭇잎,

우리에게는 보이지도
들리지도 않는 나뭇잎에서
아가는
엄마 젖 냄새를 맡았던 것일까?

아니면,

새벽이 열리듯

---

* 2022년 1월 생후 6개월인 손자 '준'과 매사추세츠주, 애머스트(Amherst)에 있는 에릭 칼(Eric Carle) 박물관을 방문했다. 칼의 '너무 배고픈 애벌레'(The Very Hungry Caterpillar) 앞에서 '준'은 홀린 듯 그림 속에 빠져들었다.

알에서 깨어나
낯선 세상의 빛을
처음으로 본 애벌레가

스스로 허물을 벗고
깃털처럼 가벼이
나비되어 춤추는
탄생의 신비를
얼핏 보았던 것일까?

Ars Poetica

"당신의 Ars Poetica는 무엇입니까?"

강연에서
한 청중이 나의 '시론'이 무엇이냐고 묻는다.

호라티우스는 '즐겁게 가르치라' 했고
아치볼드 매클리시는
'시는 말이 없어야 한다'고 했는데,

난 물론
매클리시와 같은 생각을 내내 해왔다.

일찍이
노자는 '도가도 비상도, 명가명 비상명'이라 했거늘
하고 싶은 말을
설명하지 않으려 애썼음에도
난 얼마나 쓸데없는 말을 많이 해 왔던가.

느닷없는 질문에,

얼핏 노자가 떠올라
노자 풍으로 시작해보았다.

'시는 어린아이'이다.
반응을 보니
청중도 극소를 좋아하는가 보다.

난 요즘
다시 어린아이가 되어
말하는 법을 배우는 중이다.

가시관

검붉은 장미 속에서
한 남자가 고개를 내민다.

윌리엄 블레이크의 「병든 장미」와
「순수의 노래」 서시를 읽는다.

블레이크의 그림 「병든 장미」의 벌레 같은 것이
서시의 피리 부는 사나이의 노래를 듣고
황급히 사라지는 것 같다.

스승의 날이라고
함께 공부하는 선생님 한 분이 손수 화환을 만들어왔다.

구름을 타고
피리를 불어달라던 어린아이처럼,
연보라, 짙은 보라 꽃들 사이에서
천사 같은 미소가 스며 나온다.

난생처음 쓴 월계관에 어쩔 줄 몰라 하는 사이

잔잔한 박수 소리에
가슴이 철렁하다,

가시관이 나를 응시하고 있다.

나무 한 그루

그가 여주 근처에 땅을 좀 샀다고 했다.
틈날 때마다 가서 작은 묘목 한 그루씩 심겠다고 했다.
나무 100그루를 심고 가겠다고 했다.
여생을 그곳에서 보내겠다고 했다.
꽤 근사해 보였다.

재력가가 땅을 사서 개발을 못 하게 하는 것도
좋은 일이라며
그렇지 않았다면 온통 훼손되었을 땅이라며 안도했다.
꽤 괜찮은 사람처럼 보였다.

요즘 화두가 땅이니
자본주의 관점에서
투기의 대상이 되어버린 땅,
가이아의 신음소리가 들리는 듯하다고 했다.
생명의 모태임을 잊지 않는다고도 했다.
'곡신불사谷神不死'를 아는 듯하니
꽤 학식이 있어 보였다.

그런 그가
최근 꽤 큰 권력을 잡았다는 소문이다.

엄마 잃은 나무들이
죽어가고 있다고 했다.

사방이 물, 물인데
나무들이 목말라 죽어간다고 했다.

연꽃 한 송이

돌보지 않았는데도 꽃이 피었다며
신기한 듯
꽃구경하러 오라고 성화다.

작년, 이웃집에서 작은 뿌리 하나 얻어
마당 한 구석 화분에 그저 놓아두었다 한다.

얼마 만이었던가
꽃 한 송이 피어났다.

순수와 교태가 뒤섞인 분홍 연꽃
돌보지 않으니
손바닥만 한 진흙 바닥에서
햇빛과 바람과 빗물을 먹고
마음껏 본성을 뽐낸다.

가만히 들여다보니
몇몇 봉오리들이 꽃으로 피어나길 기다리고 있다.
돌보지 않아도 살아가는 생명의
비밀이 무엇인지 알 것만 같다.

남아 있는 시간이
쓰러질 듯
비바람에 흔들린다.

왼손의 선택

오른손으로 턱을 괴고 있는
반가사유상
로댕의 생각하는 사람
카프카의 데생,

왼손으로 턱을 괴고 있는
다자이 오사무,

손의 선택은 마음이 향하는 곳이다.

왼손으로 턱을 괴고
스스로를 억압하고
스스로를 소외시킨
그,

그의 생가
사양관 2층에서 발견한
베를렌의 시 구절,
"선택받는다는 것에
나는 황홀과 두려움을 느낀다"

작가의 길을 향해 가며
그 황홀과 두려움 앞에서
베를렌을 선택한 다자이 오사무,

황홀은 순간이다.

자신을 더럽히지 않으려
강물 속 투신과도 같은
왼손의 삶을 살았던
고독과 공포가
혼잣말처럼
사양관을 휘감고 있다.

미륵과 우륵에 관하여

우륵을 통해
가야에서 신라로 흘러 흘러,

울분과 회한의 정조가
깔린 가야금 산조에 실려
시간을 뛰어넘어
고요히 흐느낀다.

반가사유상의 미륵의
슬픔이 번진다.

미륵의 애도가
슬픔의 근원을 묻는
존재론적 사유를 통해
대자대비에 이른다.

중생을 가엽게 여기는
대비가 대자를 향하니
죽음 앞에서도

죽음을 넘어선
헤아릴 길 없는 미소가
세속을 떠돌고 있다.

웅동수원지

눈이 즐거운 4월이다.

웅동수원지 벚꽃단지에
벚꽃 시화전이 한창이다.

57년 만에 올해 처음 일부 개방했다는 수원지,
군사 보안 구역이어서 늪은 볼 수 없었지만
보이지 않는 늪은 자꾸만 나의 상상력을 자극한다.

모두가 겹벚꽃의 화려함에 정신이 팔려있다.

 열린 창보다 닫힌 창으로 더 많은 것을 볼 수 있다고 했으니
 높은 언덕 너머 늪 속을 들여다본다.

 곳곳에 걸린 시화를 건성으로 보고 지나가는 사람들에게
  시는 말한다,
  "눈이 아니라 마음으로 보라고"*

무언의 시 속으로
상상의 늪 너머로,
마음을 열어보라고.*

---

* 셰익스피어, 『한 여름밤의 꿈』 중에서. "사랑은 눈이 아니라 마음으로 보는 것."

비어 있는 항아리

저녁의 고단함이
강줄기를 붉게 물들이고
석양이 돌담 모퉁이에 서성이는
회산 백련지,

가까이 다가가니 연못은
적막하고 황량하다.

12월 비 내리는 어느 날,
하얀 연꽃은 흔적도 없이 사라지고
검붉은 옷을 입은 마른 가지들만
얼어붙은 빗방울에 잎을 떨구고 있다.

혼돈과 무질서의 진흙과
조화와 질서의 연꽃이 뒤엉켜
고적한 섬 하나 만든다.

비어 있는 항아리
그 섬은,
진흙 속에서 피어날 꽃을 기다리고 있다.

그동안
세찬 비바람이
진흙 속 뿌리를 잠 깨우고
침묵의 연못엔 희미한 수군거림 가득하다.

영산강 고요가 에워싼
신비의 생명이
무겁게 꿈틀거린다.

황새 집

'저 새집 좀 보세요!'

트랜실베니아에서 부다페스트로 향하는 중이었다

직접 운전을 해서 우리를 안내하던
헝가리 시인이 손짓으로 가리킨다.

올려다보니 꽤 크고 단단해 보이는 새집 한 채가
나무 꼭대기에 앉아 있다.

황새도 해마다 같은 장소로 돌아와 번식한다며
열변을 토한다.

동행한 시인이
제왕나비가
대이동을 하면서 여러 차례
태어나고 죽는 과정을 반복한다는
생명의 불사를 이야기하자
마침 황새 집을 발견하고는 논쟁에 뛰어든 것이다.

모두 '곡신불사 시위현빈'
(계곡의 신은 죽지 않으니 이를 일러 현묘한 암컷이라 한다)이라는
여성성의 불사를 이제야 깨달았나 보다.

남성들이 뒤늦게 철드는 것이야 동서 불문인 것을,
철없이 논쟁을 벌이는 그들 보란 듯,

광막한 하늘을 가르며
철새들 떼 지어 날아간다.

그림자의 섬

그림자 섬 영도影島,
분홍 대문이
우리를 맞이한다.

작은 풀꽃 가득한 정원에 스민 차가운
물기는
진한 핑크빛 독일 장미의
관능을 씻어내고,
벽에 걸린 톨스토이의 노자적 표정은
초록 풀들의 속삭임을 금한다.

차가움과 뜨거움,
움직임과 정지의 교란 사이에
황홀한
푸른 식탁이 펼쳐진다.

진지한 런치 후의
담백한 티 타임,

'천 권 시집의 집'
카페 '영도일보'는
극지와 열대 사이의
긴장과 조화를 구현한
'그림자의 섬'이다.

4부

한 점,

한 번도 본 적 없었던 것을 쓰고
잊어버린 채 덮어 놓았다가
한참이 지나 실제를 보고
상상과 실제의 신기한 겹침에
경이를 느끼고,

상상과 현실이
만나는 지점에

한 점
마침표를 찍는다

시가 완성된다.

키스는 천천히

아테네 성채,
세계시인대회에서
한 시인이 '키스'를 노래한다.
뜨거운 손짓이 점점 서늘해진다.

언덕을 내려오는 길,
'키스'의 시인이
홀로
구불구불한 고성 담벼락 끝에 핀
작은 꽃밭으로 향한다.
그만이 발견할 수 있는 하얀 꽃무덤이다.

찻집에 모여 앉자,
한 여성에게 자스민꽃 한 송이 건넨다.

잃어버린 사랑의 제스처,

그의 사연을 아는
시인들 모두,

그가
마지막 남은 자스민 꽃향기를 맡으며
메마른 키스를 흥얼거릴 때
믿었던 절친 따라 떠나버린 그의 아내의
이야기를
제각각 다른 문양으로
짜고 있었다.

키스는 천천히!

묘박지

부산행 열차를 타고 향한 곳은
해운대가 아닌 영도,
어린 시절 듣던 영도 다리의 사연들이
이제 대교 저 높이 걸려 있다

닻을 내리고 접안 호출을 기다리는 묘박지,
여러 차례 부산을 와보았건만
이곳은 처음이다.

배들은,
부두도 아니고 뱃길도 아닌 곳에서
부동도 움직임도 아닌 상태로
닻을 내리고 호명을 기다리고 있다.

우리도,
죽음과 탄생 사이에서
부름을 기다리며
외롭게 서성이고 있다.

'영도다리 아래서 만나자'던
피난민들의 애잔한 삶이 서린
만남의 거점,

그 역사처럼
좀처럼 만날 수 없는
우리는
지금도 그렇게
무심하게
기다리고 있다.

시인은 어린아이

헝가리 부다페스트 문화 살롱,
헝가리어 한국시집 출판기념회,

모두가 진지한 표정으로
시인의 이야기에 집중하며
질문을 쏟아낸다.

어린 아들을 데리고 와서
수줍게 사인을 받아 가는 젊은 엄마,
의사인데 시를 쓴다고
계면쩍게 웃는
노구의 신사,

왜 시를 쓰는지 궁금해한다.

우리는 모두 시인으로 태어난다고 말문을 여니
어리둥절한 표정이다.
시인은 어린아이와 같다고 하니
조금 알겠다는 듯 고개를 끄덕인다.

우리 모두가
마음속 어린아이를 잃어가고 있다.
갈등도 분열도 고통도 없던
순수의 어린아이가 사라지고 있다.
시는 그것을 되찾아가는 길이다.

시는 크게 외치지도 설명하지도 않으며,
부드럽고 약하나
강하고 힘센 것을 끌어안고,
다투지 않으며
끝내 흐르는 물처럼 속삭인다고,

좌중을 둘러보며,
시는 여성적인 것이라고
노자적으로 끝맺는다.

고요가 가라앉아 있다.

어둠 속 고인돌

원시의 들판이 눈앞에 다가온다.

이른 아침 기차는
연녹색 잎들을 매달고 남으로 흘러가고
종착역 창원은 옛 모습 그대로 낯설다.

남면중학교 사택 앞마당 울타리
탱자나무에 빛나던 찬란한 햇살은
서울 생활 내내 어둠 속에 웅크리고 있었다.

65년 전 떠나온 교장 사택은 간 곳 없고
교명이 바뀐
남중학교 교정은 텅 비어 있다.

잠시 운동장 가운데 서니
뒷마당 대나무숲과 어둡고 깊은 우물가,
나무에 매달아 놓은 해먹 위에서
앵두를 먹던 기억이
기적 소리에 멀어져간다.

순간,
어둠 속에 묻혀 있던 유년의 햇살이
여명처럼 솟아나고
교정 평상을 덮고 있던
보랏빛 등나무꽃이 바람에 흔들린다.

'저 고인돌을 기억하세요?'
동행자의 물음에,

교정, 계단 꼭대기
어둠 속에 묻혀 있던 고인돌이
바뀐 교명을 등에 달고
저 원시의 들판으로부터 성큼성큼 걸어 나온다.

보길도

마지막 배를 놓칠까 서둘러 일어나려니
횟집 주인이 아직 여유가 있다며 만류한다.

마지막 배 시간이 다가오면
모두의 시선은 일시에 시계로 향하고

떠나가는 배를 바라보며
남겨진 자들은 서럽다고,
버려진 자들처럼
섬에 갇힌 섬사람의 설움이라고,

시시각각 변하는 노을 마냥
알 수 없는 사연이 깃든
긴 머리 묶어 늘어뜨린 주인이 중얼거린다.

잠시 망설이다
명함을 한 장씩 받아 들고
횟집 상호 앞에서 사진을 찍는다.
섬의 노을은 망설임 속에서 영원할 거다.

노을이 반쯤 내려
불그레한 사진 속 남자가
무심한 상호 앞에서
만돌린 소리에 귀 기울이듯
먼 세상을 뜨겁게 응시한다.

강렬한 것은 무엇이든

대양을 감싸는 불타는 석양이
한순간
세상에 검붉은 빛을 던진다.
「지옥편」의 불길이 사방에 녹아내린다.

파도가 해안으로 밀려오자
나는
맨발로 물가를 걷던 여인의 다리에 철썩 달라붙는다.

화들짝 놀란 여인이 나를 허공에 치켜들고
검붉은 석양에 비춰본다.
나의 정체를 알았다는 듯,

순간 내 사지는 여인의 손가락에서 빠져나가려 팽팽하게 뒤틀렸다.
"이렇게 매끄럽고 탄탄한 다시마는 신선한 거겠지?."

매 순간 무엇인가가 여인의 손가락에서 빠져나간다.
여인은 움켜쥐려 손을 더 꽉 쥔다.

무한히 좋아할 무언가가 필요한 거다.
파닥거리는 생을 느끼고 싶은 거다.

강렬한 것은 무엇이든
미끄러지듯 벗어난다.

슬픈 시간이
어둠의 해안에 스러진다.

자연으로의 회귀

'내일 저녁까지는 샴푸하지 마세요.'
샴푸를 해주면서
보조 미용사가 조용히 힘주어 말한다.
한동안 잊고 있다가 오랜만에 펌을 한 참이었다.
'아 풀릴까봐 그러죠?'
'원상으로 돌아가려는 힘이 강하니 적어도 24시간은 지나야 해요.'

아, 그렇다,
문득 원천으로의 회귀를 생각한다.
점점 사그라드는 목소리로 허공을 가리키며 어머니는 웅얼거렸다.
'저 냇가에 방개가 바글바글하다'
아스라하게 사라지는 한 순간을 간신히 붙들어 맨 소리였다.
그리곤 한순간 목소리도 손가락도 맥없이 스러졌다.

영혼은
삶의 고달픔이 시작되기 전인

저 멀리
유년을 향해 있다.

홀씨 하나

아래로 아래로
낮게 낮게
물이 흐른다
세상살이 부드러워진다.

너의 뜻
너의 마음 따라
풀이 바람에 흔들린다.
세상살이 가벼워진다.

계곡 아래
작은 바위 틈에
홀씨 하나 떨어진다.
지구 위 생명 하나 꿈틀거린다.

어두운 바위틈 뚫고 나온 새싹
찬란한 햇빛에 소곤대고
초록 풀잎이 대기에 발맞추어 춤추자
아이가 손뼉 치며

풀잎을 노래한다.
아이의 웃음이
풀잎이 된다.

발문

기다림 가운데 시를 쓴다는 것

김구슬

내게 시를 쓴다는 것은, 정의할 수는 없지만 항상 내가 재현할 수 없는 어떤 것을 말하는 것이었다. 그것은 단지 쓰는 행위로만 이루어질 수는 없는 것이었다. 내 안에 깊이 숨어 있는 어떤 것과 만날 때 가능한 것이었다. 그것은 현재의 나, 사회적인 나와 다른, 또 다른 나와의 만남이었으며, 그 만남으로부터 온전한 나를 발견할 수 있었다.

인간은 시인으로 태어난다. 시인은 본질적으로 어린아이이다. 어린아이는 본능적으로 세상을 조화롭고 통합된 전체로 본다. 나와 타자, 나와 세계 사이에 구분이 없다. 이것은 존재의 본래적 상태, 흔히 말하는 '순수'의 단계이다.

진정한 시인은 직관과 통찰로 세상 너머의, 세상 아래의 것을 볼 수 있다. 이것이 세계를 하나의 전체로 볼 수 있는 어린아이의 비전이고, 이것을 통해 현상 너머의 조화와 평화를 보는 것이다.

시간이 흐름에 따라 인간은 '순수'의 단계를 벗어나 무질서와 고통과 억압으로 가득 찬 '경험'의 세계를 살게 된다. 그러나 희망이 있다. 우리가 지나온 '순수'는 사라지지 않고 우리 마음 깊은 곳에 남아, 우리가 고통 가운데 길 잃고 있을 때 우리를 안내하는 고요한 안내자의 역할을 한다. 인간은 모두 떠나온 최초의 '순수'의 상태로 돌아가고자 하는 본능적인 내적 열망이 있다. 존재의 근원이 거기에 있기 때문이다.

우리는 기다림 가운데 있다. 마음속에 잠재해 있는 '씨앗'이 싹트기를 기다린다. '순수'의 회복이다. 단테가 말했듯이, 그것은 새로운 불길을 재촉하는 '작은 불씨' 같은 것이다. 그 '씨앗'이, 그 '작은 불씨'가 잉걸불처럼 우리 의식 밑바닥에 남아 있기에 우리는 삶을 견디어나갈 수 있는 것이다.

릴케 예술의 핵심은 "예술은 어린 시절이다"라는 선언에 있다. 그는 어린아이의 직관, 경이, 존재에 대한 본능적 감각이 예술가에게 필수적인 것이라고 생각했다. 인간 정신의 발전 단계를 낙타, 사자, 어린아이로 본 니체 역시 그 최종적 이상을 '어린아이'로 보았다. 어린아이야말로 기존의 억압적 제도나 가치체계를 벗어나 스스로 자신의 삶을 만들어내는 순수한 창조자이기 때문이다. 인간의 자발성과 존엄성의 근원을 확인할 수 있는 의미 있는 도식이다.

그 누구보다 존재의 이상을 시종 '어린아이'와 같은 것으로 보면서 인간과 세상을 이해한 사람은 노자이다. 한 예로 『도덕경』 제55장에서 노자는 '함덕지후 비어적자'(含德之厚 比於赤子: 덕을 두텁게 품은 사람은 갓난아이와 같다)라 하여 어린아이를 도道에 가까운 이상적 존재로 보았다. 어린아이야말로 본성에 따라 살아가는 자연과 하나 된 존재로서, 도의 진정한 구현체라는 것이다. 이를 존재의 이상으로 본다는 것은 인간의 이상적 궁극 역시 어린아이의 본성이 회복된 상태라는 말이다. 존재의 근원으로 돌아가야 한다는 것이다. 시인 또한 본성적으로 어린아이와 같이 존재의 본질을 꿰뚫어 보고 끝까지 그 근원에 닿으려 하는 사람이다.

시는 어린아이처럼 약하고 순하고 고요하다. 그러나 부드럽고 약한 것이 종국에는 강하고 힘센 것을 이긴다(『도덕경』 제36장: 유약승강강 柔弱勝剛强). 시의 고요한 소리가 세계 저 아래 어딘가를 흐르면서 사람의 마음을 움직이기 때문이다. 그런 점에서 시는 물이나 음악과 같다.

물이 다투지 않고 아래로 흐르면서 세상 모든 것을 끌어안고 조용히 속삭이며 서로 하나가 되듯이, 음악의 멜로디는 자연스럽게 존재의 근원을 향한다. 그 이유는 알 수 없으되 음악은 존재의 순수한 영역 어딘가에 닿아 우리를 세계와 맞닿게 한다. 인간 의식의 심연에는 우리가 미처 알지 못했던 파도처럼 출렁이는 리듬 같은 것이 있어 이것이 세계에 내재하는 어떤 약동하는 생의 에너지와 만나게 되고 결국 모든 생명이 하나로 연결된다는 것이다. 이는 이성 이전의 힘으로서 디오니소스가 음악을 통해 인간을 지성의 억압에서 해방시켜 세상과 하나 되게 만드는 것과 같은 원리이다. 이때 우리는 비로소 산다고 할 수 있다.

세상과의 혼연일체, 그것이 가능한 것은 우리의 의식 밑바닥에 우리가 지나온 '순수'의 상태가 아직 남아 있기 때문이다. 그곳은 이성 이전의 단계로서 나와 세계가 분열되지 않고 하나였던 이상적인 통합, 인간의 본래적 욕망인 존엄성이 존재하는 세계이다. 인간의 궁극이 이것이고 이를 회복시켜줄 수 있는 것이 시다.

인간은 본래적으로 통합의 이상을 꿈꾼다. 그곳은 우리가 떠나온 후 한 번도 열어보지 않은 문처럼 아직 그대로 거기에 있다. 오늘도 나는 그 문을 향해 고요히 발걸음을 옮긴다.

*

처음 눈떠 세상을 바라보듯
……
눈을 감으니
한 점이
무한이다.

*

이 땅에 던져진 것들은
모두 그 안에
시를 품고 있다.

2025년 봄

김구슬

바벨문학상 심사평

 김구슬은 인간 감정과 정체성에 대한 탁월한 탐구를 통해, 언어와 문화의 경계를 초월하는 시로 인간 존재의 본질을 포착하고, 뛰어난 번역과 창작으로 세계 문학을 풍요롭게 했다.
 그녀의 시적 탁월함은 인간 정신의 연약함과 회복력을 섬세하게 담아내며, 문화의 경계를 넘어 울려 퍼지는 목소리를 통해 우리가 언어와 감정을 인식하는 방식을 새롭게 바꾸어놓았다.

2024년 10월. 바벨문학상 위원회(미국)

김구슬

경남 진해 출생.
고려대학교 대학원 영문과(문학박사), 협성대학교 대학원장 역임, 현 협성대학교 명예교수.
미국 UCLA 객원교수, 한국 T.S. 엘리엇학회 회장 역임.
2009년 『시와시학』으로 등단.
시집 『잃어버린 골목길』, 『0도의 사랑』, *Lost Alleys*(영어 시집), *Viali perduti di*(이탈리아어 시집), *Szerelem nulla fokon*(헝가리어 시집) 등.
저서 『T.S. 엘리엇과 브래들리 철학』(대한민국학술원 우수학술도서), 『현대영미시 산책』 등.
홍재문학상 대상, 이탈리아 Premio Internazionale di Poesia 번역상, 미국 Babel Prize for Literature 등 수상.

서정시학 시인선 231
그림자의 섬

2025년 6월 27일 초판 1쇄 발행

지은이 · 김구슬
펴낸이 · 최단아
편집교정 · 정우진
펴낸곳 · 도서출판 서정시학
인쇄소 · ㈜ 상지사
주 소 · 서울시 서초구 서초중앙로 18, 504호 (서초쌍용플래티넘)
전 화 · 02-928-7016
팩 스 · 02-922-7017
이메일 · lyricpoetics@gmail.com
출판등록 · 209-91-66271

ISBN 979-11-92580-59-3 03810

계좌번호: 국민 070101-04-072847 최단아(서정시학)
값 14,000원

  * 잘못된 책은 바꾸어 드립니다.

서정시학 시인선

001 드므에 담긴 삽 강은교, 최동호
002 문열어라 하늘아 오세영
003 허무집 강은교
004 니르바나의 바다 박희진
005 뱀 잡는 여자 한혜영
006 새로운 취미 김종미
007 그림자들 김 참
008 공장은 안녕하다 표성배
009 어두워질 때까지 한미성
010 눈사람이 눈사람이 되는 동안 이태선
011 차가운 식사 박홍점
012 생일 꽃바구니 휘 민
013 노을이 흐르는 강 조은길
014 소금창고에서 날아가는 노고지리 이건청
015 근황 조항록
016 오늘부터의 숲 노춘기
017 끝이 없는 길 주종환
018 비밀요원 이성렬
019 웃는 나무 신미균
020 그녀들 비탈에 서다 이기와
021 청어의 저녁 김윤식
022 주먹이 운다 박순원
023 홀소리 여행 김길나
024 오래된 책 허현숙
025 별의 방목 한기팔
026 사람과 함께 이 길을 걸었네 이기철
027 모란으로 가는 길 성선경
029 동백, 몸이 열릴 때 장창영
030 불꽃 비단벌레 최동호
031 우리시대 51인의 젊은 시인들 김경주 외 50인
032 문턱 김혜영
033 명자꽃 홍성란
034 아주 잠깐 신덕룡
035 거북이와 산다 오문강
036 올레 끝 나기철
037 흐르는 말 임승빈
038 위대한 표본책 이승주
039 시인들 나라 나태주
040 노랑꼬리 연 황학주
041 메아리 학교 김만수
042 천상의 바람, 지상의 길 이승하
043 구름 사육사 이원도
044 노천 탁자의 기억 신원철
045 칸나의 저녁 손순미
046 악어야 저녁 먹으러 가자 배성희

047 물소리 천사　김성춘
048 물의 낯에 지문을 새기다　박완호
049 그리움 위하여　정삼조
050 샤또마고를 마시는 저녁　황명강
051 물어뜯을 수도 없는 숨소리　황봉구
052 듣고 싶었던 말　안경라
053 진경산수　성선경
054 등불소리　이채강
055 우리시대 젊은 시인들과 김달진문학상　이근화 외
056 햇살 마름질　김선호
057 모래알로 울다　서상만
058 고전적인 저녁　이지담
059 더 없이 평화로운 한때　신승철
060 봉평장날　이영춘
061 하늘사다리　안현심
062 유씨 목공소　권성훈
063 굴참나무 숲에서　이건청
064 마침표의 침묵　김완성
065 그 소식　홍윤숙
066 허공에 줄을 긋다　양균원
067 수지도를 읽다　김용권
068 케냐의 장미　한영수
069 하늘 불탱　최명길
070 파란 돛　장석남 외

071 숟가락 사원　김영식
072 행성의 아이들　김추인
073 낙동강 시집　이달희
074 오후의 지퍼들　배옥주
075 바다빛에 물들기　천향미
076 사랑하는 나그네 당신　한승원
077 나무수도원에서　한광구
078 순비기꽃　한기팔
079 벚나무 아래, 키스자국　조창환
080 사랑의 샘　박송희
081 술병들의 묘지　고명자
082 악, 꽁치 비린내　심성술
083 별박이자나방　문효치
084 부메랑　박대현
085 서울엔 별이 땅에서 뜬다　이대의
086 소리의 그물　박종해
087 바다로 간 진흙소　박호영
088 레이스 짜는 여자　서대선
089 누군가 잡았지 옷깃　김정인
090 선인장 화분 속의 사랑　정주연
091 꽃들의 화장 시간　이기철
092 노래하는 사막　홍은택
093 불의 설법　이승하
094 덤불 설계도　정정례

095 영통의 기쁨　박희진
096 슬픔이 움직인다　강호정
097 자줏빛 얼굴 한 쪽　황명자
098 노자의 무덤을 가다　이영춘
099 나는 말하지 않으리　조동숙
100 닥터 존슨　신원철
101 루루를 위한 세레나데　김용화
102 골목을 나는 나비　박덕규
103 꽃보다 잎으로 남아　이순희
104 천국의 계단　이준관
105 연꽃무덤　안현심
106 종소리 저편　윤석훈
107 칭다오 잔교 위　조승래
108 둥근 집　박태현
109 뿌리도 가끔 날고 싶다　박일만
110 돌과 나비　이자규
111 적빈赤貧의 방학　김종호
112 뜨거운 달　차한수
113 나의 해바라기가 가고 싶은 곳　정영선
114 하늘 우체국　김수복
115 저녁의 내부　이서린
116 나무는 숲이 되고 싶다　이향아
117 잎사귀 오도송　최명길
118 이별 연습하는 시간　한승원

119 숲길 지나 가을　임승천
120 제비꽃 꽃잎 속　김명리
121 말의 알　박복조
122 파도가 바다에게　민용태
123 지구의 살점이 보이는 거리　김유섭
124 잃어버린 골목길　김구슬
125 자물통 속의 눈　이지담
126 다트와 주사위　송민규
127 하얀 목소리　한승헌
128 온유　김성춘
129 파랑은 어디서 왔나　성선경
130 곡마단 뒷마당엔 말이 한 마리 있었네　이건청
131 넘나드는 사잇길에서　황봉구
132 이상하고 아름다운　강재남
133 밤하늘이 시를 쓰다　김수복
134 멀고 먼 길　김초혜
135 어제의 나는 내가 아니라고　백 현
136 이 순간을 감싸며　박태현
137 초록방정식　이희섭
138 뿌리에 관한 비망록　손종호
139 물속 도시　손지안
140 외로움이 아깝다　김금분
141 그림자 지우기　김만복
142 The 빨강　배옥주

143 아무것도 아닌, 모든   변희수

144 상강 아침   안현심

145 불빛으로 집을 짓다   전숙경

146 나무 아래 시인   최명길

147 토네이토 딸기   조연향

148 바닷가 오월   정하해

149 파랑을 입다   강지희

150 숨은 벽   방민호

151 관심 밖의 시간   강신형

152 하노이 고양이   유승영

153 산산수수화화초초   이기철

154 닭에게 세 번 절하다   이정희

155 슬픔을 이기는 방법   최해춘

156 플로리안 카페에서 쓴 편지   한이나

157 너무 아픈 것은 나를 외면한다   이상호

158 따뜻한 편지   이영춘

159 기울지 않는 길   장재선

160 동양하숙   신원철

161 나는 구부정한 숫자예요   노승은

162 벽이 내게 등을 내주었다   홍영숙

163 바다, 모른다고 한다   문 영

164 향기로운 네 얼굴   배종환

165 시 속의 애인   금동원

166 고독의 다른 말   홍우식

167 풀잎을 위한 노래   이수산

168 어리신 어머니   나태주

169 돌속의 울음   서영택

170 햇볕 좋다   권이영

171 사랑이 돌아오는 시간   문현미

172 파미르를 베고 누워   김일태

173 사랑혀유, 걍   김익두

174 있는 듯 없는 듯   박이도

175 너에게 잠을 부어주다   이지담

176 행마법   강세화

177 어느 봄바다 활동성 어류에 대한 보고서   조승래

178 터무니   유안진

179 길 위의 피아노   김성춘

180 이혼을 결심하는 저녁에는   정혜영

181 파도 땋는 아바이   박대성

182 고등어가 있는 풍경   한경용

183 0도의 사랑   김구슬

184 눈물을 조각하여 허공에 걸어 두다   신영조

185 미르테의 꽃, 슈만   이수영

186 망와의 귀면을 쓰고 오는 날들   이영란

187 속삭이는 바나나   지정애

188 더러, 사랑이기 전에   김판용

189 물빛 식탁   한이나

190 두 개의 거울   주한태

191 만나러 가는 길   김초혜

192 분꽃 상처 한 잎   장 욱

196 하얗게 말려 쓰는 슬픔   김선아

197 극락조를 기다리며   허창무

198 늙은 봄날   윤수천

199 뒤뚱거리는 마을   이은봉

200 신의 정원에서   박용재

201 바다로 날아간 나비   이병구

202 절벽 아래 파안대소   이병석

203 숨죽이며 기다리는 결정적 순간   박병원

204 왜왜   김상환

205 사랑의 시차   박일만

206 목숨 건 사랑이 불시착했다   안영희

207 달팽이 향수병   양해연

208 기억은 시리고 더듬거린다   김윤

209 빛으로 남은 줄 알겠지   이인평

210 시간의 길이   유자효

211 속삭임   오탁번

212 느닷없이 애플파이   김정인

213 **탕탕**   석연경

214 수평선은 물에 젖지 않는다   동시영

215 굿모닝, 삐에로   박종명

216 고요, 신화의 속살 같은   한승원

217 지구가 멈춘 순간   정우진

218 치킨과 악마   김우

219 천 개의 질문   조직형

220 그림 속 나무   김선영

221 서향집   이관묵

222 동백아, 눈 열어라   안화수

223 참회록을 쓰고 싶은 날   이영춘

224 등불 앞에서 내 마음 아득하여라   오세영

225 리을리을   배옥주

226 나무늘보의 독보   권영해

227 별이 빛나는 서대문형무소   문현미

228 씀바귀와 쑥부쟁이   윤정구

229 구름의 슬하   이영란

230 힘없는 질투   김조민